AF554059

MÉMOIRE

SUR

L'ORIGINE DES RUINES

DE

PALMYRE

ET DE

BALBECK

PAR

M. ROBERT GUYARD.

Deuxième Édition.

PRIX : 1 fr.

PARIS
CHEZ MM. GUILLAUMIN ET Cie, LIBRAIRES,
rue Richelieu, 14.
1848

SOUS PRESSE,

POUR PARAITRE EN MÊME TEMPS:

PARIS EN 41,847.

CHEZ LE MÊME LIBRAIRE.

PRIX : 50 c.

Paris, Imp. de Paul DUPONT.

MÉMOIRE

SUR

L'ORIGINE DES RUINES

DE

PALMYRE

ET DE

BALBECK.

L'histoire du genre humain, antérieure au dernier cataclysme, n'existe pas ; on ne trouve, dans les nombreux vestiges du monde d'alors, aucune trace de l'humanité ; partout où l'exploration est parvenue, les géologues ont constaté un ou plusieurs cataclysmes (1) ; mais on n'a trouvé nulle part un ossement humain évidemment antérieur ; ainsi l'histoire du globe terrestre, plus certaine que celle de l'humanité, est aussi d'une incomparable antiquité. Est-ce à dire que l'humanité soit plus récente que le dernier cataclysme? Non : le genre humain avait produit, avant cette catastrophe, la plus belle, la plus grande, la plus complète civilisation, soit comme morale, soit comme intelligence, soit comme richesse, et les preuves nous les trouverons dans ses ruines, à Palmyre, à Balbeck.

Les débris d'animaux et de végétaux nés dans les contrées équinoxiales et trouvés dans l'Asie septentrionale (2) prouvent qu'un cataclysme a fait tourner la terre sur son axe ; la même révolution a

(1) Cuvier.
(2) Pallas.

transféré Palmyre et Balbeck d'un tropique à l'autre; une invasion subite des eaux a détruit les habitants; la fluctuation de ces eaux a changé la superficie du pays, et la mer, en se fixant dans ses nouvelles limites, a rendu à l'aspect du soleil les monuments qu'il éclaire aujourd'hui.

Dans les temps modernes, les ruines de Balbeck et de Palmyre ont été l'objet de plusieurs voyages intéressants; le premier est celui de Wood et Loubers, aidés par le chevalier Dawkins; Volney en a parlé longuement d'après eux; M. de Lamartine a vu Balbeck; Héeren donne le journal d'un Arabe qui a accompagné M. de Lascaris à Palmyre; enfin, Laroque, en 1688, Poccocke, vers le milieu du dernier siècle, ont aussi visité Balbeck.

Dans l'antiquité, le roi Salomon fait la conquête de Palmyre (1); le triumvir Antoine, vainqueur en Orient, en abandonne le pillage à sa cavalerie; sous l'empereur Auguste, une légion passe à Balbeck; un centurion constate sa présence par une inscription qui subsiste, semblable à celle de Thèbes, laquelle nous instruit du passage d'une légion venant de Trèves pour aller tenir garnison à Syenne (2); depuis, l'empereur Antonin s'est occupé de Balbeck, et enfin, son prédécesseur, Adrien, avait donné ses soins à la ville de Palmyre, devenue, plus tard, sujette d'une puissance détruite par Aurélien.

Les écrivains grecs ou latins qui ont parlé de Balbeck ou de Palmyre, sont: Joseph, Appien, Vopiscus, Pline et Jean d'Antioche; Joseph dit de Salomon: « Il y construisit (à Palmyre) de bonnes mu« railles pour s'en assurer la possession, et il l'appela *Tadmour*, qui « signifie lieu des palmiers. » Cette ville portait sans doute ce nom avant la visite du roi; elle le devait à une circonstance très-précieuse pour les hordes nomades qui la fréquentaient. Appien dit des habitants de Palmyre: « Ce sont des marchands qui passent aux Romains « les denrées qu'ils sont allés chercher chez les Arabes et chez les « Parthes. » Vopiscus: « C'est de Palmyre que les Romains tiraient « des vêtements tout en soie. » Pline: « Palmyre, placée entre deux

(1) Les Rois.

(2) Denon.

« empires puissants, celui de Rome et celui des Parthes, voit son « alliance recherchée par eux. » Jean d'Antioche attribue à l'empereur Antonin le Pieux, la construction d'un temple à Balbeck : nous examinerons plus loin ces faits et ces témoignages ; occupons-nous d'abord des anciennes relations de ces villes si délaissées aujourd'hui.

Il a toujours existé des rapports de commerce entre l'Inde et l'Arabie d'une part ; de l'autre les nations occidentales ; ce commerce se faisait, dans le temps des Parthes, au moyen des caravanes qui, de Palmyre, se dirigeaient au midi sur Pétra où se trouvaient les produits de l'Arabie ; à l'orient, sur Vologésocerta, pour ceux de l'Inde ; enfin, à l'occident, elles prenaient la route des Échelles de Syrie, par Emèse, Héliopolis (ou Balbeck) et Damas. Tout le temps que Palmyre s'est trouvée sur la route des richesses, elle a prospéré ; elle était placée entre l'Euphrate et les Échelles de Syrie ; son territoire offrait de l'ombre et de l'eau, et son enceinte protégeait les voyageurs. Sous les Séleucides, sous les empereurs, surtout pendant le règne pacifique des Antonins, âge d'or de l'Empire, cette ville s'est enrichie ; plus tard, victime du malheur de ses chefs, elle fut prise par Aurélien, qui triompha de Zénobie.

Cependant, les caravanes ne suivirent pas toujours le même itinéraire, elles ne furent pas constamment fidèles à la station des palmiers, et enfin, sous le Bas-Empire, Palmyre partagea les vicissitudes des villes frontières saccagées par les Parthes, et fut réduite à peu près à l'état où nous la voyons aujourd'hui (1).

Le plus ancien témoignage que nous ayons de l'existence de Palmyre remonte au roi Salomon ; quant à Balbeck, « sous les Romains, « au temps d'Auguste, elle est citée comme tenant garnison, et il « reste, sur la porte du midi, en entrant, une inscription qui en fait « preuve, car on y lit, en lettres grecques : *Kenturia prima* (2). »

Remarquons que la place qu'occupe cette inscription est telle qu'on ne peut pas élever le moindre doute sur l'état des lieux au moment où elle fut gravée ; elle est sur la porte d'un temple, à son

(1) Héeren.
(2) Volney.

entrée méridionale ; ainsi ce temple et tout le massif sur lequel sont construits tous ces monuments existaient alors dans l'état où on les a retrouvés.

Une circonstance de la vie d'Antiochus explique la nature des travaux exécutés à Palmyre, à Balbeck et dans cent autres villes de l'Orient : ce prince fit entourer de murs la ville de Margiana et lui imposa son nom : *Antiochia Margiana ;* ces travaux usités dans tout l'Orient, sur la route des caravanes, avaient pour but la protection des caravansérails, la sécurité des marchands, la sûreté des marchandises et les revenus du fisc ; ceci confirme le texte de Joseph sur les constructions que Salomon fit faire à Palmyre et explique celles que Balbeck dut à l'empereur Antonin, qui passe dans l'histoire pour y avoir fait bâtir un temple ; M. de Lamartine y a reconnu les débris d'un mur d'enceinte ; enfin les travaux entrepris par Adrien à Palmyre n'avaient probablement pas un autre caractère, et il en prit occasion de lui imposer le nom d'Adrianopolis. L'histoire plus récente du commerce des Génois vient à l'appui de nos assertions ; ils tiraient les denrées de l'Inde, par une route qui traversait la Perse et l'Arménie (les croisades alors désolaient le littoral de la Syrie et en excluaient les affaires). Des frontières de l'Arménie à Trébizonde, ils avaient, d'une journée de marche à une autre, dans des endroits choisis, des postes fortifiés et des garnisons qui fournissaient des détachements pour escorter les marchands de poste en poste ; et de Trébizonde les marchandises passaient par mer à Tana dans la Tauride, d'où elles étaient portées à Constantinople. Mahomet II mit fin à ce système. Enfin, aujourd'hui nous voyons les Anglais qui veulent rétablir la voie de l'Inde par la mer Rouge, faire bâtir des hôtelleries dans le désert sur la route de Suez au Kaire, et ces hôtelleries seront sans doute à l'abri d'un coup de main de la part des Arabes. Ce sont toujours les travaux et les soins de Salomon, d'Antiochus et d'Adrien.

Mais à quelle nation de l'antiquité attribuerons-nous la construction de ces villes ? Au premier coup d'œil, ce ne sera pas aux Egyptiens, dont l'architecture n'a aucuns rapports avec celle de Balbeck et de Palmyre, et qui d'ailleurs y auraient laissé des traces de leur religion et de leurs habitudes. Ce ne sera pas aux Romains, qui reçurent des Grecs la philosophie, l'éloquence et l'architecture, et dont les armées n'avaient pas même vu ces ruines. Ce ne sera pas aux Grecs, qui ont tout dit, tout écrit et n'en ont jamais parlé comme ouvrage de leur création, qui n'en ont même pas eu connaissance pendant leur vie de peuple, eux dont les plus beaux monuments ne sont que des miniatures auprès de ces ruines gigantesques. Restent les empires d'Assyrie, car les Mèdes, les Perses et les Parthes sont hors de cause ; les Mèdes n'ont rien laissé ; on a trouvé les tombeaux de Darius et de Xercès, on a déchiffré leurs épitaphes, voilà ce qui reste des Perses dans leur propre pays, non loin de leur capitale et de ses tristes vestiges ; quant aux Parthes, Dieu sait ce qu'ils ont détruit, mais personne n'a retrouvé ni leurs palais ni leurs tombeaux. Tous ces peuples profitaient des travaux des nations subjuguées ; ils habitaient leurs palais et leurs villes et priaient dans leurs temples. Harcelés au nord par des montagnards indomptables, ils n'ont jamais soumis les peuples qui les séparaient de l'Inde, ni les tribus d'Arabes auxquelles le désert, dans ses profondeurs, garantissait l'indépendance, ni même les habitants des montagnes du Liban, toujours inquiets ou révoltés. Jamais ces nations n'ont joui du repos, de la sécurité, possédé les richesses, connu les arts, les sciences que de telles entreprises supposent, et jamais leurs mains barbares n'ont manié les ciseaux qui ont sculpté les bas-reliefs et les dentelles de marbre qui enrichissent les temples de Balbeck et de Palmyre, magnificences dont la conception, le dessin et l'exécution ont fait la gloire de tant d'artistes précurseurs de Michel-Ange et de Canova, jusqu'au jour où le cataclysme a tout détruit, empire, peuple, gloire.

Ainsi, passons aux empires d'Assyrie, antique civilisation des bords de l'Euphrate ; ceux-là du moins ont construit Ninive et laissé les ruines de Babylone. M. Rich a reconnu les ruines de Ninive près de Mosul à *Niniveh* (1) ; d'autres voyageurs anglais ont vu et décrit les ruines de Babylone ; ce sont des tas de briques. Le temple de Bélus, débris immense, est construit en briques et ne présente aucun point de comparaison avec les villes dont nous cherchons l'origine. Il n'est pas certain que ces peuples aient dominé la Palmyrène ni les rampes

(1) Bibliothèque de Genève, n° 36, page 329.

du Liban ; les conquêtes se font et s'affermissent dans les lieux habités, cultivés, enrichis, où l'on trouve des sujets et des tributaires. C'est donc dans la Mésopotamie et sur les rives de ses fleuves que ces peuples établirent leur empire, et c'est sur celles de l'Euphrate qu'ils ont laissé leur gloire et leurs monuments.

C'était une chose facile et journalière à Palmyre, à Balbeck, que de tirer de la carrière, transporter et mettre en place des masses énormes ; citons M. de Lamartine : « Il est resté (dans une carrière près « de Balbeck) une pierre taillée sur trois faces, qui a soixante-neuf « pieds de long, sur douze pieds dix pouces de large et treize pieds « trois pouces d'épaisseur. » Un temple de cette ville tirait son nom moderne de l'énormité de trois blocs qu'on remarquait à sa base (1). Cet art ne se retrouve que dans l'Inde et l'Egypte antiques (2) ; aucune autre nation de l'antiquité ne paraît l'avoir possédé au même degré ; et il a fallu le retrouver pour élever à Rome l'obélisque de Sixte-Quint, et, sur la place de la Concorde à Paris, le monolyte de Louqsor.

Wood attribue la construction de Palmyre et de Balbeck aux empereurs qui ont suivi Dioclétien, au troisième âge de Rome ; mais il faudrait que ces ruines n'eussent pas précédé cette époque brillante ; nous avons prouvé par celles de Balbeck qu'elles sont contemporaines de l'empereur Auguste, et à quoi bon avoir raison à Palmyre si on se trompe à Balbeck ? Mais pour Palmyre l'histoire le dirait ; ce n'est pas après Dioclétien que de telles entreprises auraient été passées sous silence. Wood argumente de l'emploi de l'ordre corinthien ; mais la colonne, sa base et son chapiteau sont d'origine naturelle : c'est l'arbre dépouillé de son écorce, arrondi, puis orné et embelli (3) ; et l'article *Ame* du *Dictionnaire philosophique* de Voltaire, raconte mot à mot les croyances des nouveaux Zélandais.......

Si nous jetons un regard sur les ruines des capitales magnifiques que l'humanité moderne a nommées Balbeck et Palmyre, si nous re-

(1) Encyclopédie méthodique. Article *Balbeck*.

(2) Héeren traduit par Puckau. Vol. 3, page 93.

(3) Le modillon employé aujourd'hui comme ornement, est un vestige des chevrons qui, dans nos monuments de bois, portaient la toiture de l'entablement.

lisons leur description, si nous nous pénétrons des sentiments qui se sont élevés dans l'âme de ceux qui les ont vues, et surtout de ceux exprimés dans les brillantes pages de M. de Lamartine (1), nous nous disons : « Est-il possible que Balbeck, que Palmyre aient été « construites dans des déserts? » Remarquons-le : à Palmyre il n'y a pas même une oasis, on n'y voit que du sable et deux sources d'eau saumâtre ou sulfureuse, des palmiers, puis au nord, jusqu'auprès des rives de l'Euphrate, à l'occident jusqu'aux pieds du Liban, à l'orient et au midi, sans fin, le désert (2). Comment donc aurait-on pu construire la ville immense dont il ne reste que les temples, comme si de tout Paris on ne retrouvait que ses basiliques, ses palais, ses arcs de triomphe? Il n'y a qu'un miracle qui puisse expliquer de tels travaux, dans de tels lieux. Les grandes villes ne sont devenues immenses que pour avoir joui d'une belle position ; elles sont situées sur le bord d'une mer, d'un fleuve, ou d'un lac ; elles sont le siége des gouvernements et le séjour des souverains. Madrid ferait exception si Madrid avait pu devenir immense, et le malheur de l'Espagne est de n'avoir pas une capitale prépondérante par l'étendue, la richesse et les lumières.

Rassemblez des architectes, des maçons, des manœuvres ; montrez-leur les ruines de Palmyre et les deux sources dont l'eau désaltère les chameaux et les chameliers du désert, que vous diront-ils ? « Pas d'eau, partant point d'ouvriers ; point de matériaux, point « de travaux ; et que voulez-vous donc qui supplée au manque « d'eau ? » Appelez les économistes : « Eh quoi ! (diront-ils :) ni « champ, ni gerbe, aucuns moyens alimentaires, en guise de mers, « de fleuves, de canaux, de routes, le désert et des caravanes ! Une « existence précaire pour quelques marchands et les desservants

(1) *Voyage en Orient.*

(2) « Nous découvrîmes à la fois la plus grande quantité de ruines que nous « eussions jamais vues, et, derrière ces mêmes ruines, une étendue de plat pays à « perte de vue, sans le moindre objet animé. »

(Wood et Loubers, cités par Volney. *Voyage en Syrie.*)

« d'un caravansérail et une ville immense (1) ! Impossible, il fallait « du pain, de l'eau, des substances plus nourrissantes et de toutes « ces choses abondamment ; en Egypte, au moins, il y avait le Nil et « des oignons. » Que sera-ce si nous consultons les savants : de l'existence de temples si beaux on va conclure les arts, les sciences, la population et la richesse, et ce sont des inductions d'une force irrésistible ; et comment la richesse, les sciences, les arts, la population auraient-ils pu naître et prospérer dans des sables? Tout se tient : si vous prenez pour données des temples magnifiques, il faut en conclure le mobilier, les ornements de ces temples, l'entretien des ministres du culte, leur nombre, leurs richesses, et de l'ensemble de ces choses, un gouvernement qui présidait à des cérémonies dont l'éclat, le luxe, la grandeur étaient en harmonie avec les temples ; les inimaginables richesses d'un pays qui a pu en consacrer une partie à de tels travaux, à de si grandes dépenses, car nous savons qu'un pied cube de pierre en place représente une journée d'homme, qu'un pied carré de sculpture en représente dix, quinze, vingt, et puis le degré de lumières, la moralité sur lesquelles était fondé le progrès qui a pu produire de telles richesses, le temps qu'il a fallu consacrer à parvenir aux unes, à acquérir les autres, les longues années de paix qui ont permis de se livrer à de telles occupations, la grandeur des règnes qui se sont succédés ; leur illustration par la guerre et l'administration, les arts, les sciences et l'industrie, car l'architecture et la sculpture à Balbeck, à Palmyre, l'étendue, le nombre, la grandeur et la beauté des monuments supposent et prouvent tout ce qui constitue et compose, illustre et immortalise les grandes nations (2).

---

(1) Quand la cavalerie d'Antoine arriva pour piller Palmyre, elle ne trouva personne ; vingt-quatre heures avaient suffi aux habitants, prévenus, pour fuir, avec leurs richesses, sur l'autre rive de l'Euphrate.

(2) « Le seul vice ici (à Balbeck), c'est trop de richesse ; la pierre est écrasée « sous son propre luxe, et les dentelles de marbre courent de toutes parts sur « les murailles. »

(*Voyage en Orient*, 3e volume, page 28.)

« Nous avions en face, du côté du midi, un autre temple, placé sur le bord de

Jetons un regard sur nous-mêmes, comment Paris s'est-il fondé, formé, accru ? On a commencé par des baraques dans les îles de la Seine ; la Seine protégeait et nourrissait les habitants de ses îles ; la Seine servait de grand chemin ; elle apportait à la bourgade à vil prix et presque sans peine les arbres abattus sur ses bords et sur ceux de la Marne ; le sol a donné des pierres dès qu'on les lui a demandées et du plâtre ; quant aux vivres, la rivière et la forêt y ont pourvu d'abord, puis quelques plaines défrichées ; on a pu de bonne heure posséder des troupeaux ; voilà des éléments de prospérité ; supprimez la Seine, plus de ville ; avec un ruisseau, vous auriez un village ; avec des sources, une chaumière, un ermitage, parce qu'il faut pour fonder une ville, un chemin naturel, des matériaux à bas prix, et sous la main, des vivres en abondance, et que tout cela puisse toujours affluer, comme nous voyons toutes choses affluer à Londres par la Tamise, à Paris, par la Seine et la Marne, l'Oise et l'Yonne, et encore faut-il une grande nation dont la grande ville soit la tête.

Quelques circonstances prouvent que la cessation de la vie sociale et des travaux dans les villes de Balbeck et de Palmyre a été instantanée ; nous lisons : « L'architecture n'a jamais rien produit de plus « riche que ce monument ; on peut s'en former une idée par les « plafonds du péristyle, etc., etc. (Il s'agit d'un temple à Balbeck.) « Les colonnes intérieures sont cannelées ainsi que la frise ; si les « colonnes de l'extérieur sont lisses, on aperçoit cependant qu'elles « devaient recevoir le même ornement, comme l'indiquent celles « du vestibule dont les cannelures furent commencées et restèrent « imparfaites (1). » Et le voyage d'un Arabe à Palmyre (2) : « Nous

« la plate-forme ; c'est le monument le plus entier, le plus magnifique de « Balbeck et j'oserai dire du monde entier. »

(*Idem*, 3e volume, page 31.)

« Nous jetâmes, en passant, un coup d'œil superficiel sur quatre temples qui « seraient des merveilles à Rome et qui, ici, ressemblent à des œuvres de nains. »

(*Ibidem.*)

(1) Encyclopédie méthodique, article *Balbeck*.

(2) Héeren.

« remarquâmes une grotte dans laquelle il y avait une belle colonne « en marbre blanc taillée et ciselée, et une autre seulement terminée « à moitié. » M. de Lamartine a vu dans une carrière près de Balbeck un bloc immense taillé sur trois faces : ainsi ces villes ont eu le sort d'Herculanum et de Pompéï, par une cause toute différente et si on creusait le sol à l'entour, on retrouverait la terre arable, le lit du fleuve, la physionomie du pays : on pourrait en recréer l'image comme on a pu dresser le plan de la France septentrionale avant le dernier cataclysme (1).

(1) « Le limon argileux qui a formé cette région (la Susiane), recouvre un lit « de sable et d'argile tenace d'un bleu foncé ; l'origine sous-marine de ce dépôt « est attestée par le grand nombre de coquillages qu'on y rencontre ; ils appar- « tiennent tous à des espèces que l'on pêche encore dans le golfe Persique. »
(Bibliothèque de Genève, n° 41. *Expédition sur l'Euphrate*, page 125.)

www.ingramcontent.com/pod-product-compliance
Lightning Source LLC
LaVergne TN
LVHW020510230826
846091LV00008BA/3446

* 9 7 8 2 0 1 2 4 6 0 4 1 6 *